Die kleinen Trompeterbücher Band 162

Waldtraut Lewin

VOM EULCHEN und der Dunkelheit

Der Kinderbuchverlag Berlin

Illustrationen von Hille Blumfeldt

ISBN 3-358-01105-4

ES WAR EINMAL ein großer grüner Wald, so groß und grün, daß man seinen Augen kaum traute, wenn man ihn von weitem erblickte. Wenn man sich aber ein Herz faßte und hineinging, sah man, daß der Wald nicht nur groß und grün und ernst war, sondern auch bunt und lustig, denn die Sonne spielte mit den Blättern Einkriegezeck, die Blumen steckten ihre Nasen um die Wette zwischen den Gräsern hervor, die Vögel machten einen Heidenlärm, und ab und zu lief einem ein Hase beinahe über die Füße.

In dem großen grünen Wald stand genau in der Mitte ein wundersamer, hoher Eichbaum, der war eine Wohnung. Ganz unten hauste das Eichhörnchen, in der Mitte das Bienenvolk, oben aber war das Eulennest.

Im Eulennest wohnte der alte Eulerich mit seiner Frau Eulalia und den drei Kindern Eumel, Eugenie und Eulchen. Eulchen war

das jüngste und dümmste von den Kindern, und die Eltern schüttelten seufzend den Kopf, wenn sie es so vor sich hin träumen sahen.
Eines schönen Abends nun plusterte sich Vater Eulerich, schüttelte sein Gefieder und sagte: „So, meine lieben Kleinen. Jetzt habe ich euch genug über die Härten des Waldlebens erzählt, und ihr hattet so viel Unterrichtsstunden in der Theorie des Mäusefangens, daß ihr heute nacht zum erstenmal mit auf die Jagd könnt. Was denkt ihr, wie gut eine selbstgefangene Maus schmeckt!"
Die Eulchen freuten sich sehr und blinzelten, denn es war noch ziemlich früh am Abend, so daß sie noch nicht so ganz ausgeschlafen hatten — ihr wißt ja, daß Eulen am Tag schlafen und nachts wach sind. Eumel, Eugenie und Eulchen bemühten sich, schnell so richtig wach zu werden, wie es sich gehört, will man auf

Jagd gehen. Sie plusterten ihr Gefieder und wetzten die kleinen Krallen am Holz des Eichbaums.
Als erster kroch Eumel aus dem Nest. Schließlich war er der Älteste. Er blinzelte, und als er merkte, daß es schon wundervoll dunkel war, so wie Eulen es nötig haben, um gut zu sehen, breitete er seine graubraunen Schwingen aus und strich davon, leise wie der Nachtwind. Man merkte überhaupt nicht, daß es sein erster großer Flug war.
Dann kam Eugenie an die Reihe. Sie zierte sich immer gern ein bißchen und flüsterte, während sie probeweise mit den Flügeln schlug: „Hoffentlich kommt kein Mondschein auf. Ich mag es nicht, wenn einem so viele zusehen, man wird unsicher."
Sie schwebte in die Dunkelheit hinaus, als sei sie ein Nebelstreif. Nein, ihre Flugkünste mußte Eugenie wirklich nicht verstecken.

Nun war nur noch Eulchen da. Zaghaft kletterte es auf den Nestrand und starrte hinaus. Seine Augen leuchteten wie zwei Bernsteine, und Mutter Eulalia sah, daß sich ihr Jüngstes mit den Krallen festhielt, als fürchte es, ein großer Sturm könne sich unversehens erheben und es vom Nest wehen. Besorgt fragte sie, wie Eulchen die Dunkelheit fände.

„Na ja, also, ich, also", begann Eulchen zu stottern und trat von einem Bein aufs andere, „also sehen kann ich. Aber", fuhr es fort und kriegte einen trotzigen Ton in die Stimme, „wer sich das ausgedacht hat, daß wir Eulen im Dunkeln sehen müssen, der soll mir nicht vor den krummen Schnabel kommen. So was Blödes! Ich finde es nämlich gruslig im Dunkeln."

Hier machte es eine Pause, die Vater Eulerich gleich zu dem Einwurf nutzte, er habe wohl nicht recht gehört. Und obwohl

Eulchen merkte, daß sein Vater anfing, ärgerlich zu werden, wiederholte es doch noch einmal mit Nachdruck: „Gruslig find ich's. Jawohl", und nickte mit dem Kopf.
„Aber es ist doch unser Eulenstolz, daß wir gerade dann sehen können, wenn die anderen Tiere nichts erkennen", rief Eulerich aus.
Eulchen seufzte. „Was haben wir davon? Dafür können die anderen sehen, wenn wir blind sind."
Der Vater sagte erst mal gar nichts, aber an der Art, wie er sein Gefieder aufplusterte, merkte Eulchen, daß er sehr ärgerlich war. Er wandte sich nicht an sein Kind, sondern, wie das ebenfalls seine Art war, wenn er sich ärgerte, an seine Frau und sagte würdevoll zu Eulalia: „Mutter, ich sehe mit Verwunderung, ja Entsetzen, daß unser jüngstes Kind den Sinn des Lebens sowie die Grundbegriffe des Mäusefangs nicht erfaßt hat. Wer solche

Reden führt, ist nicht reif für die Jagd. Ich hoffe, hier ist niemand anderer Meinung.“ Und weil Mutter Eulalia betreten guckte, drehte er den Kopf zu Eulchen und bemerkte: „Bleib denn zu Haus und denke über meine Worte nach.“

Eulchen senkte den Kopf, während sein Vater mit gewaltigem Flügelschlag in die Nacht eilte. Seine Mutter tuschelte ihm ins Ohr: „Mach dir nichts draus, ich bringe dir eine fette Maus mit. Und morgen sagst du schön, was du gelernt hast, sonst regt sich Papa wieder auf.“

Damit flog auch sie davon.

Erst jetzt begriff Eulchen, was es sich eingebrockt hatte: Es mußte allein zu Hause bleiben, und das fand es eigentlich noch grusliger als das Ausfliegen zur Nachtzeit. Das Nest erschien ihm groß und kalt, keiner war da, an den es sich ein bißchen ankuscheln konnte, und wenn es an die weichen Federn seiner Mama Eulalia

dachte, die jetzt irgendwo da draußen umherflog, hätte es am liebsten geweint.
Aber schließlich war es ja ein Eulchen und keine Heulsuse, und es sagte sich, man müsse vielleicht das Beste daraus machen. Der große Eichbaum war voller Leben. Eulchen beschloß, die Nachbarn zu besuchen. Das war ein angenehmer Zeitvertreib, und man war nicht mehr einsam. So dachte Eulchen jedenfalls.
Es flog auch gleich ein Stockwerk tiefer, wo in der Höhlung des uralten Stammes der große Schwarm der wilden Bienen sein Haus hatte, und klopfte an. Erst war es still, aber dann erhob sich im Stock ein vielfältiges Summen und Brummen, und aus dem Gesurre heraus vernahm Eulchen viele Stimmen, die sagten: „Wer ist da so spät am Abend, wer stört unsre wohlverdiente Ruhe?"
„Ich bin's", rief Eulchen, „und komme zu

Besuch, liebe Nachbarinnen, Honigfrauen, ihr fleißigen, freundlichen!"

Die Bienen summten noch lauter und fragten: „Wer? Wer ist's, der da draußen steht und klopft, daß unsre Waben beben? Wer?"

„Na ich doch!" rief Eulchen, schon ein bißchen ungeduldig, daß man ihm nicht gleich freundlich die Türen auftat. „Ich, Eulchen, euer Nachbarskind!"

Da kam es aber schlecht an, denn nun hörte sich das Summen an, als sei der ganze Stock erwacht, und es klang alles andere als gastlich, was man da hörte.

„Nachbarskind? Ja, schöne Nachbarschaft! Räuberskind! Räuberskind! Was willst du uns antun? Unsern Honig rauben? Unsre Kleinen, die hilflosen Larven, mit scharfem Schnabel zerfleischen? Oder gehst du gar ans Leben unsrer schönen Majestät, der Königin?"

„Na so ein Unsinn!" antwortete Eulchen

verblüfft. „Was denkt ihr denn von mir? Ich will doch nur ein bißchen Gesellschaft haben." Und es klopfte noch zwei-, dreimal mit seinem harten Schnabel an die Tür.

Doch die Bienen glaubten ihm nicht.

„Das kennen wir", brummten sie durcheinander, „du bist durchschaut. Wissen wir doch, wie's den Geißlein, den sieben, mit dem Wolf ergangen ist. Die Blumen haben es uns erzählt. Du bist wie der Wolf. Wir machen nicht auf."

„Aber das ist ja ein Märchen, das man euch da aufgebunden hat", rief Eulchen. „Eulen fressen keinen Honig, und überhaupt, he, ihr!"

Die Bienen jedoch hörten gar nicht zu. Sie schrien: „Hüte dich! Hüte dich! Kommst du herein, stechen wlr, stechen wir, stechen wir dich!"

Da war Eulchen nun mit friedlichen Absichten gekommen, und das war die Antwort. Einen Augenblick überlegte es, ob es vielleicht wütend werden sollte — Grund genug dazu war ja wirklich vorhanden. Es plusterte sich dick auf und klappte mit den Augen — das machte sein Vater auch immer, wenn er sich über irgend etwas aufregte. Aber dann dachte es, daß es eigentlich Unsinn ist, sich aufzuplustern, wenn doch keiner zusieht. Es wäre schade um die Mühe.

Und es beschloß, dem Eichhörnchen einen Besuch abzustatten, denn es meinte, daß der Empfang da etwas herzlicher ausfallen würde. Das Eichhörnchen hatte weder Honig noch Larven zu verwahren, und seine Nahrung ließ es sich bestimmt nicht stehlen, es hatte keine Angst, denn seine Zähne waren ziemlich scharf.

Das kleine Raubtier fuhr mit dem Kopf aus seiner Höhle, bevor Eulchen noch geklopft hatte, und kicherte nicht ohne Schaden-

freude. Es war klar, daß es die ganze Zeit kopfüber oder kopfunter am Baumstamm gehangen und alles belauscht hatte, was zwischen Eulchen und den Bienen geredet worden war.

„Na“, sagte es boshaft, „die haben dich ganz schön abfahren lassen, die da oben. Und jetzt kommst du zu mir, was?“

„Ja, jetzt komme ich zu dir“, sagte Eulchen unschuldig. „Gute Nacht, Eichhörnchen.“

„Gute Nacht und gute Jagd“, erwiderte das Eichhörnchen höflich den Gruß. Sein flinker roter Kopf ging ständig hin und her, und sein roter Puschelschwanz zuckte wie die Spitze einer Peitsche. „Mach dir nichts draus, was die Bienen sagen. Die sind dumm, so dumm eben, wie nur Leute sein können, die den lieben langen Tag nichts weiter machen als Lasten schleppen, Babys füttern und ihrer Königin eine neue Frisur kämmen. Halt dich an mich. Ich bin

das klügste Tier im Walde."
„Komisch", sagte Eulchen. „Mein Vater hat immer gesagt, wir Eulen sind die klügsten Tiere im Walde."
Das hätte es lieber nicht sagen sollen. Das Eichhörnchen begann vor Empörung mit der Zunge zu schnalzen, seine Schwanzspitze zuckte noch stärker, und seine dunklen Augen blitzten.
„Na, das ist denn doch aber vielleicht und so — ich bin sprachlos!" kreischte es, und dann legte es los. „Ihr! Daß ich nicht lache! Ihr traurigen Nachtgestalten mit euren Glasknopfaugen, die am Tage nichts sehen! Ich, ich kann das Tag und Nacht und bin immer auf meinen vier Pfoten und erbeute alles, was ihr überseht. Ich raube die Eier aus den Nestern und die Jungen unterm Bauch der Häsin weg. Ich!"
„Und ich", erwiderte Eulchen und kam langsam auch in Fahrt, „ich finde das gar

nicht so besonders gut, was du da erzählst. Ich würde mich schämen, wenn ich so was machen würde."
„Schämen! Daß ich nicht lache! Das ist die Sprache dessen, der keine Ahnung hat! Wieviel Mäuse fängst du denn pro Jagd, daß du so große Töne redest? Versorgst wohl gleich deine ganze Familie mit, wie?"
„Bis jetzt hab ich noch keine gefangen", bemerkte Eulchen ziemlich kleinlaut.
„Das habe ich mir gedacht", rief Eichhörnchen und kicherte boshaft. „Aber über die Arbeit anderer herziehen, wenn man selbst noch nichts vorzuweisen hat, du häßliches Etwas! Ich will dir mal was sagen: Du bist bloß neidisch, jawohl, neidisch bist du."
Damit zog es seinen feuerfarbenen glatten Kopf mit den spitzen Ohren zurück in seine warme Wohnstube, und Eulchen saß da, zog abwechselnd den linken und den

rechten Fuß an den Bauch und dachte nach.
Erstens fand es das Eichhörnchen ziemlich gemein, denn so böse Dinge tut selbst ein kleiner Räuber nicht ungestraft. Zweitens war es ganz verstört, daß man ihm gesagt hatte, es sei häßlich. In der Eulenfamilie galt Eulchen als ausgesprochen hübsch, weil das Gefieder um seine Ohren herum so hell war. Aber was war nun wirklich hübsch? Vielleicht gab es eine besondere Eulenhübschheit, die die anderen Tiere nicht verstanden? Hier kratzte sich Eulchen mit der rechten Kralle hinterm Ohr, denn es waren schwierige Fragen, und gelegentlich müßte man vielleicht herausfinden, wie das alles zusammenhing — gelegentlich. Das schlimmste von allem aber war das dritte, nämlich, daß es neidisch sein sollte.
Es schloß die Augen und fragte sich: Bin ich neidisch? Und wartete eine Weile auf

die Antwort, und dann war ihm klar: Nein, neidisch war Eulchen nicht.
Es reckte schon seinen krummen Schnabel vor, um beim Eichhörnchen erneut anzuklopfen und die Sache richtigzustellen, aber bevor seine Schnabelspitze die Eichenborke berührte, hielt es inne, denn ihm kam ein Gedanke. Es dachte: Glauben tut mir das olle dumme Eichhörnchen sowieso nicht. Es glaubt mir erst, wenn ich ihm beweisen kann, daß ich genauso gut jage wie es selber, oder womöglich noch besser, und vor allem nicht auf so eine gemeine Weise. Auf faire Art, oder wie das heißt, jedenfalls sagt Papa immer so was ähnliches.
Und da fiel dem armen Eulchen ein, daß es ja nun, wenn es wirklich diesen Beweis antreten wollte, wohl oder übel doch noch hinaus mußte in die gruslige dunkle Nacht, das ging gar nicht anders, war aber furchteinflößend.

Es flatterte auf; beileibe nicht so leise, wie das seine Geschwister konnten, weil es wirklich noch unbeholfen war, hockte sich dicht am Baumstamm in eine Astgabel, so hatte es wenigstens Rückendeckung, und sang erst einmal vor sich hin ein altes Lied. Das ging so:

„Ich armes Eulchen, kleine,
wie soll ich fliegen aus
des Nächtens so alleine?
Das schafft mir manchen Graus.
Der Ast ist mir entwichen,
darauf ich ruhen soll,
die Läublein all verblichen,
mein Herz ist trauervoll."

Nachdem Eulchen diese Strophe gesungen hatte, tat es sich so leid, daß es beschloß, noch eine dazuzudichten, die nicht ganz so traurig war.

„Die Bienen ruhn vom Tanze
und weisen mir die Tür,
das Biest mit Puschelschwanze,
das kränkt die Seele mir.
Nun sitz ich hier alleine
in öder Waldesnacht,
doch wer da denkt, ich weine,
na, der hat falsch gedacht."

Diese Strophe war zwar bedeutend weniger schön im Vergleich zur ersten, aber dafür machte sie unserem Eulchen Mut. Es stellte seine fedrigen Ohren auf, gab sich einen großen Ruck und breitete die Flügel so geräuschlos aus wie nur möglich — und siehe da, es ging viel besser, als es gedacht hatte.

Ach, was für ein herrliches Gefühl war das, als ihm der Wind unter den Flügeln durchstrich! Eulchen genoß es, bloß es wurde den Gedanken nicht los, wie schön es wäre, wenn ihm dazu auch noch die

helle Sonne ins Gesicht scheinen würde. Doch — dann würde es ja nichts sehen. Ach, warum, warum, warum konnte es denn nur bei Nacht sehen und nicht am Tage?

Plötzlich regte sich etwas im Schatten des Waldes.

Das wird eine Maus sein, dachte Eulchen. Schade, es hätte ruhig noch ein bißchen dauern können, bis ich die erste erwische.

Aber dann nahm es sich zusammen und sagte sich: Eulchen, paß auf und mach jetzt nichts verkehrt! Wie hat Papa das immer erklärt? Im Gleitflug anvisieren, den Abweichungswinkel berechnen, Geschwindigkeit mal Fluchttrieb geteilt durch Luftwiderstand — wie war das? Ach, Quatsch, einfach drauf!

Eulchen ließ sich also wie ein sausender Stein auf die Maus herabfallen, so wie es ihm Eulerich und Eulalia in der Übungsstunde vorgeführt hatten, aber ach je! Durch irgendeinen Kunstfehler stieß es daneben, verfehlte die Beute um eine halbe Flügelspanne und kam ziemlich hart auf den Waldboden auf. Das kommt davon, wenn man in Physik nicht aufpaßt und denkt, alles geht so aus dem Handgelenk.

Ein Weilchen saß es ganz verdattert da und versuchte sich zurechtzufinden. Und während es sich noch die Augen rieb, sagte eine weiche Stimme direkt vor ihm: „Kann ich Ihnen irgendwie behilflich sein?"

Eulchen blieb vor Staunen der Schnabel offenstehen. Die Maus war nämlich nicht weggelaufen, wie es ja ihr gutes Recht gewesen wäre, sondern sie stand noch an der gleichen Stelle, als sei sie am Moos festgewachsen.

„Ja, um alles in der Welt, warum läufst du denn nicht weg?" stammelte Eulchen. Es

war ganz atemlos vor Überraschung.
Und eine feine Stimme erwiderte: „Ich vermute, Sie sind eine Eule?"
„Du vermutest?" fragte Eulchen.
„Ja", erwiderte die Maus. „Sehen kann ich Sie nicht. Ich bin nämlich eine Blindmaus."
„Und warum läufst du nicht weg?"
„Eben deswegen", piepste die feine Stimme. „Ich seh doch nichts. Sie kriegen mich sowieso."
Wie zart und demütig klang doch dieses Stimmchen, und wie seltsam mutete es unser Eulchen an, daß da jemand saß und sich von ihm fressen lassen wollte, weil das der Lauf der Welt war. Es brauchte eine Weile, bis es unter Drucksen und Rucksen stottern konnte: „Also Dinge gibt's! ..." Und dann fügte es mit behutsamer Neugier hinzu: „Du siehst nichts? Wie ist denn das?"

„So, wie wenn Sie bei Tag ausgehen, nehme ich an", erwiderte die Stimme prompt. Das leuchtete Eulchen ein. Und so etwas nun immer und immer?
„Stört dich das nicht mächtig, nichts zu sehen?" fragte es.
Die Blindmaus erwiderte: „Ich kenne es nicht anders. Auch kann ich statt dessen sehr gut hören und wirklich ganz hervorragend riechen, so daß ich denn, alles in allem, gut durchs Leben komme. Daß Sie mich heute erwischt haben, verdanke ich einem ekelhaften Schnupfen, der sich mir auf den Geruchs- und Gehörsinn gelegt hat. Tja, manchmal hat man Pech, und das Schicksal schlägt zu."
„Weißt du", erwiderte Eulchen behutsam, „ich bin eine ganz kleine Eule. Du kannst ruhig ‚du' zu mir sagen."
„Oh, vielen Dank", murmelte die Maus, und Eulchen schien es, als mache der zarte Schatten eine kleine Verbeugung.

„Dann habe ich vor meinem Tode noch die Genugtuung, einmal zu einer Eule ‚du' gesagt zu haben."
„Vor deinem Tod?" rief Eulchen erschrocken, und die kleine Maus erwiderte: „Nja. Wenn du mich frißt."
Einen Augenblick war Eulchen still. Es mußte sich räuspern, ehe es weiterreden konnte.
„Ach so", sagte es dann und versuchte, leichthin zu sprechen. „Ja, weißt du, eigentlich habe ich gar keinen Hunger. Du bist mir irgendwie sympathisch, wenn ich es denn sagen soll, ja, sympathisch. Ich hatte noch nie vorher eine Maus so richtig angesehen, wenn meine Mutter — na, reden wir lieber nicht davon. Man muß ja leben. Aber du hast so ein hübsches weiches Fell und so zierliche Füße, und sogar dein langer nackter Schwanz verrät etwas von deiner Schnelligkeit und Grazie. Ich könnte dich immerzu ansehen."

„Wenn ich dich um etwas bitten dürfte …“, piepste die Maus zögernd.
„Ja, natürlich kannst du das.“
„Sieh mich nicht lange an. Du könntest doch wieder Hunger bekommen. Ich weiß deine Bewunderung sehr zu schätzen, wirklich, aber viel, viel lieber wäre mir, wenn ich mich jetzt von dir verabschieden könnte.“
„Du denkst, ich würde dich am Ende doch noch …“, setzte Eulchen zu einer Frage an, aber die Blindmaus unterbrach es hastig und sagte: „Was ich denke, ist im Moment gleichgültig, nicht wahr? Ich bitte dich nur, mich ein Stückchen weiter weg gehen zu lassen.“
„Aber ich wollte dich noch etwas fragen“, rief das Eulchen.
„Alles, was du willst“, erwiderte die sanfte Stimme. „Ich würde nur gern bis zu jenem Reisighaufen dort laufen, den ich von früheren Spaziergängen her kenne und

den ich schon mit meinen Nerven fühlen kann."
„Geh doch!" sagte Eulchen, fast schon unwillig.
Und die Maus: „Wenn du die Augen zumachst."
„Aber warum denn das?"
„Bitte mach die Augen zu und laß mich zu dem Reisighaufen. Dann werde ich dir alles sagen."
„Gut", gab Eulchen nach, „ich mache jetzt also die Augen zu."
Die Maus lief, so schnell sie nur konnte, unter den schützenden Reisighaufen — aber erst, nachdem sie mit ihren ungemein feinen Mausohren gehört hatte, wie die Augendeckel der kleinen Eule „klapp" machten. Eulchen vernahm das Trappeln der winzigen Füße, das Rascheln des Reisigs, ein feines Aufpiepen, und dann rief die Maus, deren Stimme vor Freude heller und feiner klang: „Du

hübscheste und liebenswürdigste aller Eulen, die ich zwar nie verstehen, aber immer bewundern werde, wisse denn, daß, hättest du mich laufen sehen, ich verloren gewesen wäre. Denn dein ganzes Wesen ist so beschaffen, daß du hättest auffliegen und mich fangen müssen, ob du wolltest oder nicht. Haben dir das deine Eltern nicht beigebracht? — Im übrigen bist du ein kleines Dummchen. Gut, vielleicht hattest du wirklich keinen Hunger, und vielleicht fandest du mich wirklich reizend. Aber die Maus ist nun einmal die Nahrung der Eule, so wie das Getreidekorn die Nahrung der Maus ist. Wovon willst du denn leben, wenn du Mäuse reizend findest? Bald wirst du Hunger haben, und dann wird's dich bitter gereun. Leb wohl, du kleines Närrchen, und habe Dank."

„Warte doch, warte!" rief Eulchen, das die Wahrheit in den Worten der Blindmaus begriff. „Ich weiß ja, ich bin komisch. Ich sehne mich danach, bei Tag zu schauen und meine Nahrung zu haben, ohne zu töten. Ich bin nicht wie eine rechte Eule. Was soll ich denn nur tun, und wo kann ich so ein Leben finden? Du kommst viel herum und hast Weisheit und Erfahrung. Wo kann ich es finden?"

„Vielleicht", zirpte die kleine Stimme, „bei den Menschen, vielleicht. Da ist alles aus der Ordnung geraten. Nacht wird zu Tag, und Speise wächst nicht mehr am Strauch, sondern in großen Hallen, die sie Fabriken nennen. Geh zu den Menschen, Eulchen. Ja, geh zu ihnen."

„Aha", bemerkte Eulchen, und weil es das Mausetier durch den Reisighaufen rascheln hörte, rief es schnell: „Lauf nicht weg, Maus! Warte noch! Wie beweise ich dem Eichhörnchen, daß ich nicht auf seine Künste neidisch bin?"

Die Mausestimme kam schon von ganz

weit her, denn Mäuse sind flink. Genau konnte Eulchen es nicht mehr verstehen, was da gesagt wurde, aber es hörte sich so an wie: „Indem du Mäuse fängst!“

Da saß unser Eulchen nun, nichts in den Krallen und nichts im Schnabel, vom Magen ganz abgesehen, aber dafür mit einem Wirrwarr von Gedanken im Kopf, gar nicht vorstellbar.

Es begriff, daß alles schwieriger wurde statt einfacher, und das ist kein gutes Gefühl.

„Ich bin erschöpft“, murmelte es. „Ich muß mich ausruhn.“

Und das Eulchen flog nach Hause, in das leere Nest. Das war gar nicht gemütlich. Der Wind knisterte in den äußeren Ästchen, als hätte er tausend winzige Finger, und die Dunkelheit war so undurchdringlich wie im Schoß der Erde. Das einzig Angenehme war, daß alles noch ein bißchen nach Mama Eulalia roch und sich die

Wärme der Geschwister in den weichen Daunen, mit denen das Eulennest gepolstert war, versteckt hielt.

Eulchen legte sich die Flügel über Augen und Ohren, um nichts zu sehen und nichts zu hören, sog sich voll mit der mütterlichen Wärme und wartete den Morgen ab.

Als es dämmerte, kamen seine Geschwister Eumel und Eugenie, satt und stolz, und lachten über das dumme Eulchen, das sich nicht aus dem Nest getraut hatte. Eulchen hielt den Schnabel und erzählte nichts von seinen Abenteuern, denn dann hätten sie vielleicht noch mehr gelacht. Und vor allem merkte es, was es für einen mächtigen Hunger hatte. Mutter Eulalia war es leider nicht gelungen, für ihr kleines Dummchen einen fetten Happen beiseite zu stecken. Sie seufzte bekümmert und sah Eulchen vorwurfsvoll an, und Vater Eulerich seufzte auch bekümmert

und sah es womöglich noch vorwurfsvoller an.
Zum Glück wurde es schon hell, und sie rückten zusammen im Nest und schliefen, eh man sich's versah, so daß sie nicht noch lange auf Eulchen rumhacken konnten — bildlich gesprochen natürlich.
Und während der große grüne Wald zum Leben erwachte, die Sonne aus dem Bett kroch, die Bienen ihre Fühler in den duftenden Wind hielten, um zu spüren, von wo es denn wohl am meisten nach Raps roch, und das Eichhörnchen den Stamm herabglitt wie ein roter Blitz, träumte Eulchen von Menschen und Mäusen.
Als es dämmerte, war das jüngste Kind der Eulenfamilie als erstes wach, weil sein Magen laut knurrte. Heute muß etwas geschehen, dachte es, und sein Herz klopfte unter dem Federkleid.
Es hielt die Augen geschlossen, als Vater

und Mutter erwachten, und es hörte die Mutter besorgt mit dem Vater tuscheln. Sicher reden sie jetzt über mich, dachte es und kniff die Lider fest zusammen. Nach und nach wurden die Geschwister wach. Die große Dunkelheit senkte sich über den Wald, und die Eulenfamilie rüstete zum Aufbruch.

„Na, Eulchen", fragte die Mutter und strich ihm wie von ungefähr über die Ohren, „was ist mit dir? Du willst doch nicht etwa wieder im Nest hocken bleiben?"

Das Streicheln tat dem Eulchen wohl. Am liebsten hätte es sich bei der Mutter verkrochen, seinen Schnabel in ihr Federkleid gedrückt und ihr alles, was es erlebt hatte, zugeflüstert. Sie würde vielleicht einen Rat wissen.

Eumel und Eugenie brummelten schläfrig und unter Gähnen: „Nachts ist es so herrlich draußen, so herrlich! Und die vielen

fetten Mäuse ..."
Ich will keine Mäuse fangen, hätte Eulchen am liebsten gerufen. Aber im letzten Moment bezwang es sich und sagte artig: „Doch, heute fliege ich mit auf die Jagd", denn es hatte so seine Pläne.
„Bravo, mein Kind", rief Vater Eulerich und sah sehr zufrieden aus, „vielleicht wird noch eine Eule aus dir." Und so startete die ganze Familie in bester Stimmung in die Nacht.
Das Eichhörnchen bemerkte vom Stamm des Eichbaums aus: „Na, Eulchen, gute Jagd gehabt gestern?" und federte mit dem Puschelschwanz, aber Eulchen hielt es für unter seiner Würde zu antworten, und es war auch derart mit seinen Plänen beschäftigt, daß die boshaften Worte es heute nicht so sehr berührten.
Es rutschte vor bis an die äußerste Astspitze, und wieder schien es ihm, als komme die große Dunkelheit direkt auf es

zu. Eulchen schluckte, zwinkerte mit den Augen und zauderte einen Moment, aber dann dachte es sich: Jetzt oder nie! Tapfer überwand es seine Angst vor der Dunkelheit, stieg hoch auf und flog mit großen, weitgleitenden Flügelschlägen über den Wald dahin, vor sich einen fahlen Lichtschein. Dort, hieß es, läge die Stadt der Menschen.

Mit der Zeit fürchtete sich Eulchen nicht mehr, denn Sterne- und Städtelicht hielten sich die Waage, und der Wind blies angenehm unter die Flügel.

Ermutigt von seinem ersten Versuch im Dichten, fing es an, ein Lied vom Fliegen zu singen. Das ging so:

„Du, Nachtwind, bist so sanft.
Ich nehme dich als Kissen.
Die Vögel alle wissen:
Du liebst die großen Schwingen
vor allen andern Dingen.
Du, Nachtwind, bist so sanft.

Du, Nachtwind, riechst so gut
nach Heidekraut und Blumen,
nach Wald und Ackerkrumen,
nach Fröschen und nach Mäusen
und Schnecken in Gehäusen.
Du, Nachtwind, riechst so gut."

Bei diesem Lied kam Eulchen nicht einmal außer Atem, im Gegenteil, das Fliegen geriet ihm immer besser, und eh es sich versah, war es am Rande der großen Stadt angelangt. Nun wurde ihm aber doch ein bißchen bänglich zumute. Die Bogenlampen machten die Nacht fast taghell, so daß Eulchen geblendet eine Schleife flog und sich erst mal in der Krone eines Pfirsichbaums niederließ, um zu verschnaufen.

Während es noch da saß und überlegte, was es eigentlich hier wollte, sah es plötzlich ein Paar Augen vor sich, die fast so schön glühten wie seine eigenen, nur

eben grün, während Eulen ja bekanntlich gelbe Augen haben.
Erst erschrak unser Eulchen ein bißchen, aber dann besann es sich auf seine gute Kinderstube und sagte höflich: „Gute Nacht und gute Jagd!", denn wie es sich erinnerte, hatte sein Vater Eulerich ihm beigebracht, daß Tiere mit Augen, die nachts leuchteten, Jäger seien wie Eulen auch.
Die Antwort ließ auf sich warten. Endlich kam sie, allerdings klang sie kläglich.
„Sie haben mich erschreckt", sagte eine Stimme voller Zurückhaltung. „Sie, da oben, was suchen Sie in meinem Lieblingsbaum? Das hier ist ein Privatgrundstück."
Eulchen besah sich das Wesen, das da hockte. Es war ein Tier, nicht sehr viel größer als es selbst, mit einem runden Kopf, rosiger Nase, langhaarigem, getigertem Fell und einem Schwanz, zwar

nicht so puschlig und elegant wie der des Eichhörnchens, aber doch auch recht beachtlich, und vor allem, es trug diesen Schwanz um die Vorderpfoten gelegt. Eulchen hatte ja noch nie im Leben eine Katze gesehen.
Dann sagte es höflich: „Verzeihung, ich bin einfach angeflogen, und das hier war das geeignetste Landeobjekt in der Flugbahn. Ich wollte Sie nicht stören."
„Angeflogen?" sagte die Katze, und ihr Ton verriet Interesse. „Darf ich Ihren Worten entnehmen, daß Sie ein Vogel sind?"
„Ich bin eine Eule", entgegnete Eulchen, und es klang sogar stolz. Aber das schien die Katze in keiner Weise zu beeindrucken.
„Also ein Vogel", stellte sie fest und fuhr fort: „Ich jage nämlich leidenschaftlich gern Vögel."
Etwas in diesem Ton gefiel Eulchen gar nicht. „Jagen? Mich jagen?" sagte es und

mußte lachen. „Das würde ich Ihnen nicht geraten haben. Was mich angeht, ich habe einen eisenharten krummen Schnabel und Krallen, so scharf wie Messer, und außerdem keine Angst vor Ihnen."

Die Katze räusperte sich leicht verlegen und zog sich ein paar Schritte zurück. „Dann — ehem — dann ist das natürlich was anderes. Entschuldigen Sie schon. Trotzdem dürfen Sie hier nicht einfach eindringen. Privatbesitz, ich sagte es ja schon." Ihre Stimme klang wieder recht gereizt.

Das Wort hatte Eulchen noch nie gehört. So sagte es ganz ehrlich: „Das versteh ich nicht."

Die Katze lachte auf. „Sie sind wohl aus dem Wald, was? Also, das bedeutet, daß dieser Baum mir gehört."

„Ihnen allein?" fragte Eulchen erstaunt.

Die Katze bewegte ihre Krallen und schloß

zwischendurch mal kurz die Augen, das sah sehr hochmütig aus. Mag sein, ich bin ein dummes Ding vom Lande, dachte Eulchen, aber darum braucht sie sich noch lange nicht so zu haben. Am liebsten wäre es auf und davon geflogen, aber es sagte sich, daß dies die beste Gelegenheit war, etwas über die Stadt zu erfahren, und daß es vielleicht klüger wäre, sich in Geduld zu fassen und die Launen der Katze zu ertragen.

„Ja, er gehört mir", erwiderte die gerade. „Das heißt, eigentlich gehört er den Menschen, denen ich gehöre."

Eulchen seufzte. „Das ist mir alles zu verwickelt. Bei uns im Wald gehört keiner irgendwem, und keinem gehört irgendwas, außer der Beute, aber die muß man sich erst erjagen. Und sitzen darf man in allen Bäumen."

„Tja, mein Liebes", entgegnete die Katze geziert, „hier in der Stadt ist das eben etwas anders." Sie kicherte. „Das heißt, im Prinzip können Sie auch in diesem Baum sitzen, wenn Sie mich vorher um Erlaubnis fragen."

„Aha", sagte Eulchen und fügte geduldig hinzu: „Also dann frage ich hiermit um Erlaubnis, ob ich in diesem Baum sitzen darf."

„Die Erlaubnis ist erteilt", erwiderte die Katze großmütig, als sei sie eine Königin, die jemandem ein Reich verleiht. Eulchen war schon wieder nach Lachen zumute. Aber es bezwang sich. Es sagte: „Gut, das wäre erledigt. Darf ich jetzt etwas anderes fragen?"

„Bitte sehr", antwortete die Katze und zuckte mit den Schultern. Schließlich hatte sie Mitleid mit dem Dummchen vom Walde.

„Wenn ich Sie so ansehe", vermutete Eulchen, dem eben eine Idee kam, „wie Sie nachts mit allessehenden Augen umherstreifen, möchte ich fast annehmen, daß Sie auch ein Mäusefresser sind." Es wollte noch weiterreden und fragen, wie denn hier die Jagdgründe seien, ob es Blindmäuse gäbe, ob sie vielleicht ähnliche Schwierigkeiten hätte wie ein gewisses Eulchen, aber die Katze unterbrach seine Rede mit einem gespielten Aufschrei: „Mäuse? Ich höre wohl nicht recht. Schon wenn ich das Wort vernehme, wird mir sozusagen übel. Sind das nicht diese ekligen kleinen Dinger mit dem vielen Fell und den störenden Knochen? Nun ja, sie machen mir Spaß, solange sie leben. Ich spiele mit ihnen, lasse sie laufen und fange sie wieder ein und amüsiere mich. Wie ulkig sie quietschen, wenn ich sie kriege! Aber fressen? Brrr!" Sie schüttelte sich, als wäre sie ins Wasser gefallen. „Ich nehme nur Schabefleisch und Forellenfilet zu mir, Liebes", teilte sie dann herablassend mit. „Ich bin nämlich eine echte

Kartäuserkatze, mit Stammbaum, verstehst du?"
„Nein", sagte Eulchen ehrlich.
Die Katze machte einen Buckel und gähnte. „Na, ist ja vielleicht auch nicht so wichtig", bemerkte sie. „Aber wie gesagt, mit Mäusen will ich nichts zu schaffen haben. Jedenfalls nicht auf dem Mittagstisch."
Eulchen gefiel die Art der Katze ganz und gar nicht, und was sie über ihren Umgang mit Mäusen berichtete, erinnerte es ziemlich an die Gemeinheiten, die das Eichhörnchen von sich gegeben hatte, aber nun wollte es doch alles genau wissen.
„Aber dann sagen Sie mir doch", bohrte es weiter, „woher all diese Leckerbissen kommen, von denen Sie sich ernähren, wenn Sie sagen, Sie gingen gar nicht jagen? Ich meine dies Fleisch und dies andere Zeug da."

„Natürlich von den Menschen, woher sonst?"
„Und wo kriegen die das her?"
Die Katze lachte gekünstelt. „Keine Ahnung", erwiderte sie, „das ist nicht mein Problem."
Aber Eulchen ließ nicht locker. „Geben sie Ihnen die Nahrung freiwillig, oder müssen Sie sie ihnen abjagen?"
Die schöne Katze rekelte sich gekonnt auf dem Ast, es sah wirklich hübsch aus. „Meistens geben sie es mir freiwillig", plauderte sie und spreizte die Krallen, „weil ich so gut aussehe und weil ich liebenswürdig bin und ihnen die Zeit vertreibe, wenn ich Lust dazu habe. Manchmal allerdings muß ich es mir selber holen. Sie können einfach nicht begreifen, daß zunächst einmal alles mir gehört und daß sie sich manchmal ein bißchen von meinem Futter nehmen dürfen. Stell dir vor, manchmal sind sie sogar unver-

schämt und schließen es einfach weg. Wie findest du das? Im allgemeinen jedoch sind sie ganz umgänglich."

Eulchen klang das Wort „umgänglich" wie Musik im Ohr. Da gab es vielleicht einen Ausweg? Und es sprudelte los: „Wissen Sie, ich hab nämlich Schwierigkeiten mit den Mäusen ..., es könnte aber lange dauern, wenn ich das lang und breit erklären würde. Vielleicht ließe es sich einrichten, daß die Menschen auch für mich — ich meine — es muß ja nicht Forelle sein ...", es verstummte.

„Von mir aus", erwiderte die Katze von oben herab, „solange es nicht von meinem Futter abgeht! Fragen kostet ja nichts. Aber ich mache drauf aufmerksam, daß die Sprache der Menschen sehr schwer zu verstehen ist. Man muß sie erst lernen. Die drücken sich völlig unverständlich aus und verhalten sich meist sehr merkwürdig. Ein ganz seltsames

Völkchen, wenn du meine Meinung wissen willst, und mit Vorsicht zu genießen."
„Und wo finde ich sie, diese seltsamen Menschen?"
„Vorhin saßen sie noch dahinten hinterm Haus, auf ihrer Terrasse. Luftlinie fünf Meter", bemerkte die Katze.
Unser Eulchen breitete eilig seine Schwingen, und noch im Auffliegen rief es: „Besten Dank, Frau Kartäuserkatze, und gute Jagd auch!" und konnte so gar nicht mehr hören, wie sich die Katze mokierte: „Gute Jagd, gute Jagd! Dieses ungehobelte Waldtier hält mich doch immer noch für ein Raubtier, dabei jage ich nur aus Sport."
Es war nicht schwer, das Haus und die Terrasse zu finden. Aber die Menschen, die Eulchen suchte, waren bereits schlafen gegangen. Statt dessen sah es etwas so Wunderschönes, daß sich ihm vor Wonne

die hellen Flaumhaare hinter den Ohren sträubten.

Es sah eine große Eule, die von innen her leuchtete.

Unverzüglich landete es auf der Brüstung der Terrasse, machte eine Verbeugung und sagte mit vor Bewunderung erstickender Stimme: „Gute Nacht, du herrlichste aller Eulen, und gute Jagd!“

Die leuchtende Eule aber antwortete nicht. Sie war nämlich gar keine richtige Eule, sondern eine aus Porzellan, und das, was in ihrem Innern diesen Schein gab, war eine elektrische Glühlampe, die die Menschen vergessen hatten auszuschalten. Man nennt so etwas einen Rauchverzehrer.

Das konnte unser Eulchen aber nicht wissen. Es saß da und starrte und starrte voller Andacht.

Nach geraumer Weile faßte es sich ein Herz, verbeugte sich erneut und redete so:

„Ich kann ja verstehen, daß du meinen Gruß nicht beachtest und mir nicht antwortest, denn du bist über die Maßen schön. Wie machst du es nur, so von innen heraus zu leuchten? Ist es vielleicht, weil du bei den Menschen wohnst und jeden Tag Schabefleisch und Forellenfilet zu essen bekommst, oder warst du schon von Geburt an mit dieser Gabe gesegnet?“ Und es seufzte tief und fuhr fort: „Du brauchst nichts zu sagen. Erlaube nur, daß ich bei dir bleibe und dich ansehe.“

Da der Rauchverzehrer in der Tat nichts sagte, nahm Eulchen das für Zustimmung.

Und es entsann sich seiner Dichtergabe, ruckte hin und her, überlegte, kratzte sich mit der rechten Kralle hinterm Ohr, räusperte sich und sang:

„Eule mit den Sternenaugen,
in dir glüht ein reines Feuer.

Fühlst du nicht, wie ungeheuer
meine Blicke an dir saugen?

Meine Liebe ist allmächtig,
mehr als Mondenschein von oben.
Hocken will ich hier allnächtig,
und dein Strahlen will ich loben."

Der Rauchverzehrer aber gab ihm keine Antwort — wie sollte er auch? Das Eulchen sagte die Nacht über noch die schönsten Dinge, wie es Verliebte tun, und seufzte ein um das andere Mal oder schwieg auch und guckte nur, wie diese Wundereule so unentwegt vor sich hin leuchten konnte, und eh es sich versah, war es Morgen, und die Sonnenstrahlen blendeten seine Nachtaugen, und es saß da auf der Terrassenbrüstung und konnte sich nicht von der Stelle rühren.
Dann kamen die Menschen. Eulchen hörte sie erst drinnen rumoren, da klirrte es und

summmte, laute Musik traf seine empfindlichen Ohren wie ein Peitschenschlag, und dann gingen mit Gedröhn und Gerassel die Jalousien in die Höhe. Der Mann gähnte, reckte sich, trocknete sich den Schaum mit einem Tuch vom Gesicht und sagte über die Schulter gewandt: „Es wird schönes Wetter, Elfriede."

Die Frau sah kurz hinaus auf die Terrasse, schüttelte den zottligen blonden Kopf und bemerkte: „Mann, hast du doch wieder vergessen, den Stecker von diesem Rauchverzehrer herauszuziehen, und der war nun die ganze Nacht in Betrieb. Du bist und bleibst ein Liederjan."

„Das bißchen Strom wird ja unsere Rechnung nicht gleich ...", brummelte der Mann vor sich hin, während er zum Schalter ging. Da entdeckte er das Eulchen, blieb stehen und rief halblaut: „Frau, komm doch mal her!"

Die Frau kam mißmutig, und als sie des

großen Vogels auf der Terrassenbrüstung ansichtig wurde, kreischte sie so schrecklich auf, als habe sie sich in die Nesseln gesetzt. „Ih — der olle häßliche Uhu!"
Der Mann bedeutete ihr, nicht so laut zu sein. Er nähme an, der nächtlich brennende Rauchverzehrer habe die Eule angelockt. Die Frau maulte und sagte, da sehe man, was er durch seine Vergeßlichkeit heraufbeschworen habe. „Wie kriegen wir denn das Vieh wieder weg? Das sieht ja zum Fürchten aus."
„Red nicht so was Dummes", entgegnete ihr Mann, „und vor allen Dingen sei leise, um es nicht zu verjagen. Wenn du aber etwas Vernünftiges tun willst, so geh schnell auf den Dachboden und hol aus der Gerümpelecke das Bauer von unserem seligen Papagei. Es ist ein kleines Eulchen, es wird gerade hineinpassen. Dann kann ich es morgen in den Zoo bringen, und dort wird man sich freuen,

denn Eulen sind rar geworden in unseren Gegenden, und sicher bekomme ich eine Belohnung, dafür kaufen wir die neuen engen Hosen, die du schon so lange haben wolltest."

Da pfiff die Frau durch die Zähne, schlug ihrem Mann auf die Schulter und sagte anerkennend: „Du bist gar nicht so dumm, wie du aussiehst."

Sie lief frohen Herzens auf den Boden, fand den Käfig unter dem alten Gerümpel und brachte ihn ihrem Mann. Eulchen aber saß auf der Terrassenbrüstung und hatte kein Wort verstanden. Es fürchtete sich nur so entsetzlich, daß sein Herzschlag das Federkleid erzittern ließ. Und als es der Mann in den Käfig setzte, getraute es sich nicht einmal zu hacken oder zu kratzen.

„Na siehst du", sagte der Mann und ging sich die Hände waschen, denn man weiß ja nie, was so ein Tier an sich hat, „das ist

ein friedlicher Zeitgenosse."
Und die Frau freute sich schon so auf ihre neuen Hosen, daß sie sogar in die Küche lief, um Fleisch für das Vieh zu schneiden. Aber Eulchen war verschüchtert und nahm das Fleisch nicht, obwohl es sehr hungrig war. Es konnte nur denken: Ach, wäre ich doch zu Haus, ach, wäre ich doch bei meinen Eltern und Geschwistern im Wald, ach, wär ich doch nie zu der großen Stadt geflogen!
Die Leute gingen fort, und als es in dem Haus still wurde und Eulchen nicht mehr ängstlich auf jeden Schritt lauschen mußte, verfiel es in einen Schlaf der Erschöpfung, denn es hatte zuviel Angst, Liebe und Hunger ausgestanden.
Es erwachte von einem leisen, feinen Summen. Zuerst dachte es, es wären die Bienen, aber die Bienen summten tiefer, voller und lauter. Dies hier klang anders, und außerdem, ach, da fiel ihm alles

wieder ein! Es war ja gar nicht zu Haus auf dem großen grünen Eichbaum, sondern bei den Menschen, und sie hatten irgend etwas mit ihm gemacht.
Eulchen riß die Augen weit auf, um sie sofort wieder geblendet zu schließen. Noch immer war heller Tag. Es wollte sich bewegen, aber das ging nicht. Es hatte das Gefühl, von allen Seiten von harten, starren Zweigen umgeben zu sein, die es daran hinderten, seine Flügel zu schütteln. Nur das feine Summen blieb.
„Wo bin ich?" fragte es aufs Geratewohl, „und was sind das für Zweige um mich her? Warum kann ich mich nicht rühren?"
„Du bist in einem Käfig", antwortete ihm das feine Summen, „und er ist sehr eng für dich."
„In einem Käfig", wiederholte Eulchen wie betäubt. „Und was ist das, ein Käfig?"
„Das", erwiderte das Summen, und es

kam jetzt von woanders her, „ist eine Vorrichtung, in die die Menschen ihre Tiere sperren, damit sie ihnen nicht wegfliegen oder weglaufen können. Sie wollen nämlich immer alles behalten."

„Und wer bist du?" fragte Eulchen. Die Antwort war ein noch stärkeres Summen. „Ich bin die Fliege, ja, die Fliege", hörte Eulchen heraus.

„Bist du auch in einem Käfig?"

„Das wäre ja noch schöner", erwiderte die Fliege und summte mal hier und mal dort, „nein, ich nicht. Sie bauen zwar auch Fliegenschränke, in denen oft leckeres Essen liegt, und wollen uns da hineinlokken, aber so dumm ist mein Volk nicht, daß es sich darin fangen läßt. Immer, wenn sie die Tür zumachen, sind wir längst weg. Aber dich haben sie gefangen, wie?"

„Ja", sagte Eulchen leise. „Bin gefangen

worden." Und plötzlich fiel ihm ein altes Lied ein, das ihm seine Mutter Eulalia manchmal vorgesungen hatte, bevor es einschlief. Damals war es gewesen, als wenn man ein Märchen erzählte, und nun?

Das Lied ging aber so:

Bin gefangen, bin gefangen,
sitze fest an einem Ort.
Alles, was ich wollt erlangen,
wäre nur, zu gehen fort.

Bin gefangen, bin gefangen,
was vergleicht sich solcher Not?
Alles, was geschieht, ist Bangen.
Ach, viel lieber wär ich tot.

Eulchen stieß einen heiseren, klagenden Ruf aus, so daß sich die Fliege zu fürchten begann und vorsichtig mahnte: „Na, na, na, man nicht so wild, es wird schon werden", denn sie war eine Großstadtfliege und so leicht durch nichts zu erschüttern, und sie fand, daß es aus jeder Lage einen Ausweg gab, man mußte nur draufkommen. „Warum, du dummes Eulchen“, sagte sie, „bist du denn auch zu den Behausungen der Menschen gekommen? Da muß man schon mächtig auf Draht sein, so wie ich es bin, um ungeschoren davonzukommen. Das ist ein Völkchen für sich, kann ich dir sagen!“

„Was werden sie mit mir machen“, fragte Eulchen leise, „werden sie mich fressen?“

Die Fliege summte umher. „Ich glaube kaum“, erwiderte sie, „soviel ich weiß, gehört es nicht zu ihren Gewohnheiten, Eulen zu essen. Wie ich das sehe, werden sie dich in einen Zoo stecken.“

„Was ist denn das?“ fragte Eulchen.

Und die Fliege erklärte: „Das ist ein Park für Tiere, für Tiere aller Art. Die Menschen kommen dahin und sehen sie sich an. Aber das tut nicht weiter weh, und man gewöhnt sich daran. Du wirst dort dein Fressen bekommen und am Tag schlafen, in der Nacht aber, die von vielen Laternen erhellt ist, kannst du ja dann über das Leben nachdenken."

„Woher weißt du das?" fragte Eulchen.

Die Fliege lachte ein bißchen. „Ich komme doch überall rum", entgegnete sie. „Sonntags besuche ich diesen Park manchmal — sie nennen ihn Tierpark, jawohl! —; ich fahre mit der U-Bahn hin, damit ich meine Flügel nicht so strapazieren muß, und gucke mir an, was es so für Tiere gibt, da wirste staunen, du, wenn du da hinkommst!"

Aber andere Tiere interessierten das Eulchen im Augenblick recht wenig. „Gibt es in dem Park auch Eulen?" wollte es wissen.

„Aber klar", summte die Fliege, „jede

Menge, und sie fühlen sich sehr wohl da."
„Weißt du", sagte Eulchen, noch immer ganz benommen, „das ist genau das, was ich brauche. Daß ich keine Mäuse fangen muß — ich finde Mäuse nämlich nett — und daß es nachts nicht so furchtbar dunkel ist, weil es mich gruselt. Das wäre wunderbar! Und Gesellschaft würde man auch haben."
„Na siehste", sagte die Fliege, „und da regst du dich erst so auf!"
„Und wenn ich Lust habe", fuhr Eulchen fort, „fliege ich in den Wald und besuche Mama und Papa und meine Geschwister Eumel und Eugenie."
Von der Fliege kam eine Weile gar nichts, nicht mal ein Flügelzucken. Dann sagte sie stockend: „Ich fürchte, das wird nicht klappen."
„Wieso nicht?" erkundigte sich Eulchen.
„Weil", entgegnete die Fliege und gab

sich einen Ruck, „weil du nämlich in einem Käfig gehalten wirst.“ Sie kam langsam in Fahrt. „Nicht in einem so kleinen wie diesem hier, nee, ein bißchen Bewegung muß sein, rumflattern kannst du schon. Aber ein Käfig ist es eben doch. Wo kämen wir denn hin im Zoo, wenn jeder beliebige Raubvogel einfach die Flügel in die Krallen nehmen und sich davonmachen könnte?“

Eulchen versuchte zu verstehen. „Ein Käfig?“ sagte es langsam. „Solche harten geflochtenen Zweige, durch die man nicht durch kann?“

„Gitter heißt das“, verbesserte die Fliege.

Eulchen winkte ab. „Es ist mir egal, wie das heißt. Das bedeutet also: Für die erhellte Nacht, das Futter und die Gesellschaft gebe ich hin, mit dem Nachtwind zu fliegen, meine Eltern und Geschwister wiederzusehen, den großen grünen Wald, den hohen Eichbaum mit unserem Nest, die Gerüche und Laute der Nacht, die Bienen, auch wenn sie ängstlich und dumm sind, das Eichhörnchen, auch wenn es boshaft ist — aber es sind doch meine Nachbarn ..."

Die Fliege murmelte mitfühlend „Kann ick nischt zu sagen" in die Pause hinein, die Eulchen benötigte, um noch einmal nachzudenken.

„Lieber will ich mir den Magen mein Lebtag mit Schnecken, Nachtfaltern und Fröschen vollstopfen", fuhr Eulchen fort. „Ich werde schon noch lernen, mich im Dunkeln nicht zu fürchten. Das Dunkel ist besser als ein Käfig."

Als Eulchen sich das klargemacht hatte, begann es mit den Flügeln zu schlagen und mit aller Kraft gegen die Stäbe zu drücken. Es hackte und krallte in den harten Draht und fauchte vor Wut und Verzweiflung. In der finstern Stube leuchteten seine Augen so gelb wie Monde. Die Fliege umsummte es aufgeregt und versuchte, es zu beruhigen: „Reg dich bloß nicht so auf! Das schaffst du nie, nie, hörst du! Ich denke, der Zoo ist genau das, was dir liegt? Und ich kenne eine ganze Menge Tiere, die sich dort wohl fühlen."

„Das mag sein, aber ich will raus! Ich will nach Hause!" keuchte Eulchen und stieß wieder gegen das Gitter.

Eine Weile sah die Fliege zu. Als sie merkte, daß Eulchen schon ganz matt und erschöpft war, sagte sie leise: „Ich will dir was sagen. Ich kann's nicht tun, denn ich bin viel zu schwach. Aber wenn einer diesen Hebel hier hochzieht, dann geht die Tür ganz leicht auf."

Eulchen stürzte sich sofort mit Schnabel und Krallen auf den Hebel und versuchte, ihn nach oben zu bekommen. Ein paarmal wollte es aufgeben, weil es meinte, es würde das nie schaffen, aber die Fliege sprach ihm Mut zu und sagte, mit ein bißchen gutem Willen würde alles gehen. Eulchen probierte und probierte, und auf einmal — war's Zufall, war's Geschicklichkeit? — war der Käfig offen.

Erst saß Eulchen wie betäubt. Dann zwängte es sich durch die Tür, das ging geradeso, und in dem dunkeln Zimmer breitete es seine Schwingen. Zaghaft flüsterte es: „Ich bin frei!", während die Fliege es geschäftig umkreiste und summte: „Ein Glück, daß die Terrassentür offen ist, sonst ginge der Zirkus noch mal los."

Eulchen war so verwirrt und hatte es so eilig, daß es auf gar nichts achtete und durch die Türspalte davonstrich, als fürchte es, die Tür könne im letzten Moment zufallen. Und dabei vergaß es, der hilfreichen Fliege ein Dankeschön zuzurufen.

Eulchen gebrauchte seine Schwingen mit

Lust, als sei Fliegen das Allerschönste auf der Welt — und vielleicht ist es das ja auch.

Als es den großen grünen Wald erreicht hatte und den wundersamen, hohen Eichbaum von weitem sah, da hätte es am liebsten „juchhu!“ geschrien.

Eulchen setzte sich auf einen soliden Ast, verschnaufte und sagte: „Uff. Also von der Liebe habe ich erst mal genug. Und von Käfigen auch. Dunkelheit, wie schön bist du!“

Und es dachte mit Sympathie an das biestrige Eichhörnchen und an die engstirnigen Bienen — und mit Liebe an die Eltern und Geschwister, auch wenn Eumel und Eugenie manchmal alles andere als nett zu ihm gewesen waren.

Und es flog los, sich ein paar Nachtfalter in den Bauch zu füllen, die schmecken zwar etwas ranzig, aber sie sind auf alle Fälle besser als gar nichts, und wenn man

seit drei Nächten nichts gegessen hat, kommen sie einem sogar delikat vor.
Die Mäuse aber ließ Eulchen in Ruhe. Sie waren auch, unter uns gesprochen, ziemlich schwer zu fangen, sogar die Blindmäuse.

4. Auflage 1988

Lizenz-Nr. 304-270/430/88
Gesamtherstellung:
Grafischer Großbetrieb Völkerfreundschaft Dresden
LSV 7521
Für Leser von 8 Jahren an
Bestell-Nr. 631 597 2